INSTITUT DE FRANCE

MÉMOIRE

SUR LE CAFÉ

SUR SA CULTURE
SON COMMERCE, SES PROPRIÉTÉS PHYSIOLOGIQUES
THÉRAPEUTIQUES ET ALIMENTAIRES

DU CAFÉ ROBIN

Présenté à l'Académie impériale des sciences

Par L. ROBIN, Fils

Négociant et manufacturier à l'Isle-d'Espagnac (Charente)

ABBEVILLE, IMPRIMERIE P. BRIEZ

1864

MÉMOIRE SUR LE CAFÉ

Abbeville. — Imprimerie P. Briez.

INSTITUT DE FRANCE

MÉMOIRE

SUR LE CAFÉ

SUR SA CULTURE
SON COMMERCE, SES PROPRIÉTÉS PHYSIOLOGIQUES
THÉRAPEUTIQUES ET ALIMENTAIRES

DU CAFÉ ROBIN

Présenté à l'Académie impériale des sciences

Par L. ROBIN, Fils

Négociant et manufacturier à l'Isle-d'Espagnac (Charente)

ABBEVILLE, IMPRIMERIE P. BRIEZ

1864

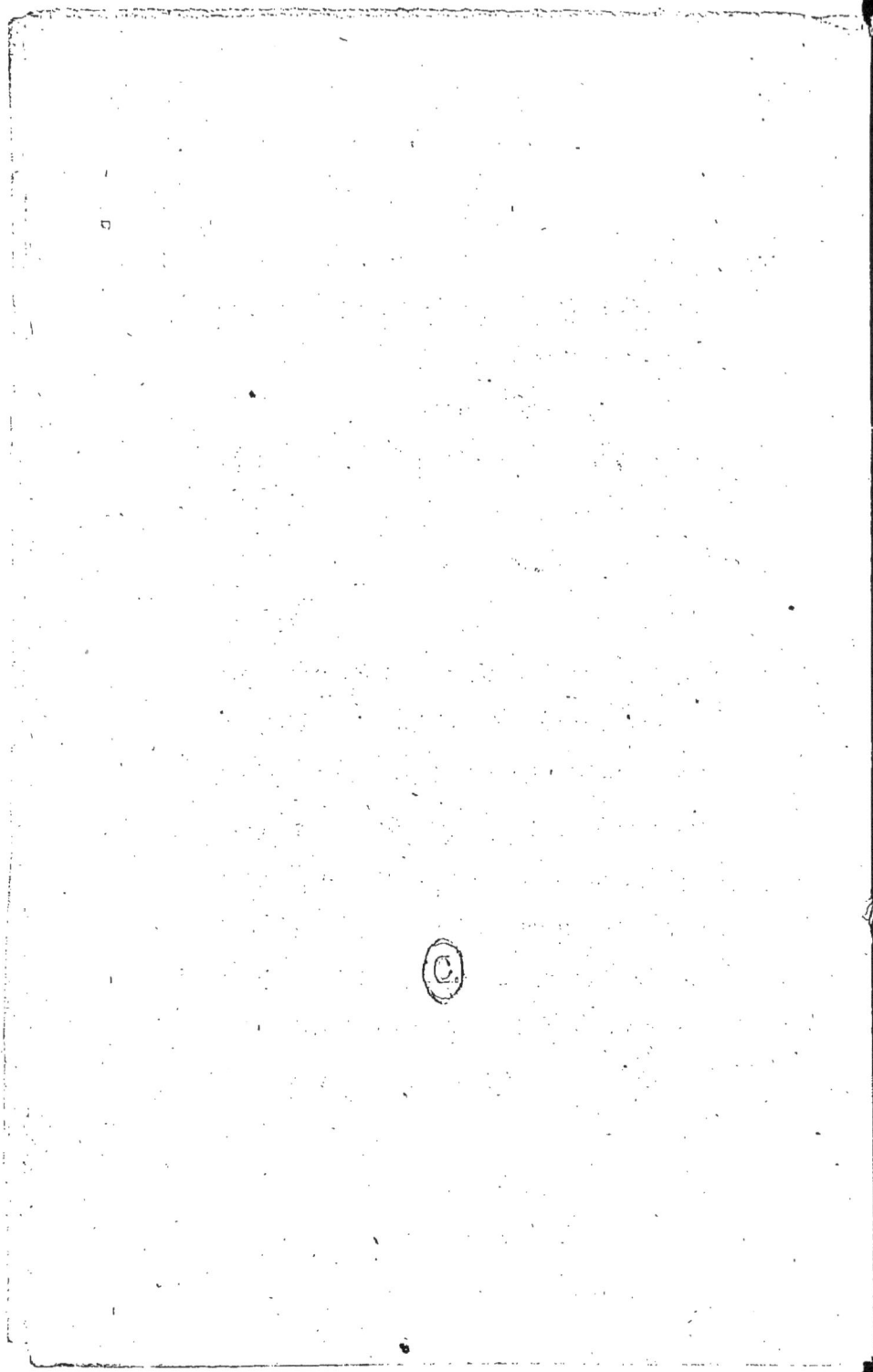

MÉMOIRE SUR LE CAFÉ

Le Café est le fruit du cafeyer ou cafier d'Arabie (*coffœa arabica*) de la famille des rubiacées.

L'arbre qui produit le café est originaire de la Haute-Éthiopie; on ignore, dit Couverchel, à quelle époque les Arabes l'importèrent dans leur pays et notamment dans cette partie qui forme la province d'Hyémen, et qui a reçu, en raison de sa prodigieuse fécondité, le nom d'Arabie Heureuse. C'est principalement sur le bord de la mer

Rouge et aux environs de la ville de Moka que
le cafeyer a le mieux prospéré; aussi cette contrée est-elle encore en possession de fournir au
commerce le café le plus estimé. L'usage du café
existait chez les orientaux depuis plus d'un
siècle, lorsqu'en 1669, Soliman Aga, qui résidait
en France en qualité d'agent diplomatique, fit con-
naître cette délicieuse boisson; son usage devint
bientôt général, et l'on s'occupa de propager sa
culture. Les Hollandais, qui exerçaient alors le
monopole du commerce, s'empressèrent de transporter cette plante à Batavia, et de Batavia à Ams-
terdam où elle réussit parfaitement: l'un de ces
pieds, envoyé à Louis XIV par les magistrats de
cette ville, fut placé au Jardin-des-Plantes de Paris et servit de souche à plusieurs autres indivi-
dus. Cette facilité de culture fit concevoir l'espoir

de multiplier le caféier aux colonies, et par cela même d'affranchir la France du monopole exercé sur cette substance. Plusieurs plants furent à cet effet confiés à M. Declieux pour les transporter à la Martinique, mais le passage fut long et pénible, et la sécheresse eût fait échouer ce projet, si ce généreux citoyen n'eût, pour conserver le précieux dépôt dont il était chargé, poussé le zèle au point de se priver d'une partie de la portion d'eau à laquelle il avait droit, pour arroser le seul plant qui fut resté.

Le premier des établissements auxquels on donne le nom de cafés fut ouvert à Londres en 1662. Un négociant nommé Edwards, dit Mac-Culloch, qui commerçait avec la Turquie, ayant rapporté du Levant quelques sacs de café, et amené avec lui un serviteur grec accoutumé à le faire, vit bientôt sa maison assiégée par une foule de gens qui, sous prétexte de lui rendre visite, venaient pour goûter cette nouvelle espèce de liqueur. Pour satisfaire ses amis, qui devenaient plus nombreux chaque jour, tout en se délivrant de l'embarras qu'ils lui causaient, il permit à son serviteur de s'établir où il lui plairait pour faire du café et le vendre au public. En conséquence de cette permission, le Grec ouvrit un café à l'endroit même où est aujourd'hui le café de Virginie (*Virginia coffee-house*). Le célèbre café de Garraway, où se font tant de ventes à l'encan, fut le premier qui ouvrit après le grand incendie de 1666. Par une proclamation publiée en 1675, Charles II essaya de supprimer les cafés, sur le motif qu'ils servaient de lieux de réunion aux mécontents qui inventaient et répandaient des bruits mensongers et calomnieux pour diffamer le gouvernement du roi et troubler le repos de la nation. Les douze juges ayant été consultés sur la légalité de cette mesure, déclarèrent que la vente en détail de la décoction de café pouvait être un trafic innocent; mais que, comme on en usait pour nourrir la sédition, propager des mensonges et calomnier de grands personnages, ce pouvait aussi être une chose nuisible, et qu'il convenait de la prohiber!...

Les princes arabes, pour se conserver le monopole du café, avaient défendu, sous peine de mort, d'exporter du pays aucun plant de caféier : défense d'ailleurs assez difficile à enfreindre, attendu qu'on ne trouve cette plante qu'à vingt-cinq lieues de Moka, seul port où il fût permis aux navires européens d'aborder. On dit même que les Arabes poussaient la précaution jusqu'à stériliser

1.

les semences du café au moyen d'un certain degré de torréfaction qu'ils leur faisaient subir avant
de les livrer au commerce. En dépit de tous leurs
efforts, les Hollandais réussirent à se procurer
soit des plants, soit des graines demeurées fé-
condes, et naturalisèrent le caféier aux environs
de Batavia.

Culture du Café

C'est principalement dans le royaume d'Yémen, vers les cantons d'Aden et de Moka, que se trouvent les grandes plantations en caféier. Quoique cette partie de l'Arabie Heureuse soit dans une température très-chaude, les montagnes qu'elle renferme sont froides au sommet. Le caféier est ordinairement cultivé à mi-côte, et lorsqu'on le trouve dans la plaine, on voit d'autres arbres plantés à proximité, pour le garantir de l'ardeur du soleil, parce que la chaleur excessive desséche-

rait ses fruits avant la récolte. Quand il est placé
dans des lieux exposés au midi, ou trop décou-
verts, on l'abrite par une espèce de peuplier. Le
pied du caféier aime l'eau ; les Arabes ont coutume de jeter des pierres dans les fosses qu'ils
creusent pour le planter ; les soins qu'ils donnent
ensuite à sa culture, consistent à détourner l'eau
des sources, et à la conduire au pied de ces arbres.
La récolte du fruit se fait à trois époques : la plus im-
portante a lieu en mai ; on étend des pièces de toile
sous les caféiers qu'on secoue ; le café mûr tombe
facilement : on le jette dans des sacs ; il est transporté ailleurs et mis à sécher sur des nattes, afin
que les baies puissent s'ouvrir par le moyen d'un
cylindre en bois ou en pierre fort pesant, qu'on
passe par dessus. Quand les grains sont dépouil-
lés de leur enveloppe, et séparés en deux petites

fèves, on les agite dans de grands vans, pour les
monder, et on les fait sécher de nouveau.

Telle est la méthode simple et facile que suivent
les Arabes dans la culture de cet arbre intéressant, et dans la récolte et la préparation de son
fruit. Le café de ce pays, connu sous le nom de
café Moka, surpasse, comme on sait, en qualité,
toutes les autres espèces de café que le commerce
débite dans les deux continents. Cette supériorité
est-elle due au climat et au sol de l'Arabie ? où le
caféier, transporté hors de cette contrée, a-t-il
dégénéré ? C'est ce qu'il serait intéressant de re-
chercher. Nous croyons que la cupidité de cer-
tains colons est la principale cause de la médiocre
qualité du café qu'ils récoltent dans leurs colonies, et surtout aux Antilles. On le recueille trop
tôt, et on le fait mal sécher, pour avoir un grain

plus gros et plus pesant ; de sorte qu'il perd nécessairement en qualité, ce qu'il gagne en volume. Sa saveur ne peut être aussi exaltée, ni sa
sève aussi élaborée que dans le *café d'Arabie*. Il
a moins de dureté que ce dernier, moins de parfum ; et il conserve toujours une certaine verdeur,
qui le fait s'imprégner plus facilement des odeurs
des corps placés dans son voisinage.

Une autre cause de l'infériorité du *café d'Amé-
rique*, est l'indifférence des colons sur le choix
des lieux où ils font leurs établissements· Le caféier demande un sol plutôt sec qu'humide, et une
terre légère et rocailleuse plutôt que substancielle
et forte. Il veut être abrité des grands vents et
des ardeurs brûlantes du soleil ; mais les abris
doivent être ménagés de manière que le grand
air puisse frapper librement ses branches, et que

le soleil puisse promptement mûrir les fruits qui les couvrent. Si ces arbres sont plantés dans un lieu étouffé, sur un sol marneux ou argileux, ou même dans une terre trop légère, qui se dessèche promptement, et ne conserve point à leurs pieds la fraîcheur dont ils ont besoin, alors ils produiront des fruits imparfaitement mûrs, ou à moitié avortés. Si, d'un autre côté, la terre où ils croissent est trop riche ou trop fréquemment arrosée, leur croissance sera, il est vrai, rapide et vigoureuse; mais leurs fruits, quoique plus gros, auront été formés par un suc cru et mal préparé.

L'usage d'éléter les caféiers, qui a prévalu généralement dans presque toutes les Antilles, et même aux îles de France et de Bourbon, peut contribuer aussi à diminuer la bonté du fruit. Les

branches forcées de prendre une direction laté-
rale, sont sujettes à se coucher et à s'entremêler;
étant moins élevées au-dessus de la terre, elles se
trouvent plus souvent et plus longtemps plongées
dans les vapeurs qui s'en exhalent, et les fleurs ou
fruits qu'elles portent, reçoivent plus difficilement
les influences bienfaisantes de l'atmosphère supé-
rieure et du soleil.

Si à toutes ces causes, on ajoute l'empressement
des propriétaires à enfermer leur café dans des
sacs avant son entière dessication, afin qu'il soit
plus tôt vendu, et le peu de précautions prises par
les capitaines de navires (en chargeant cette
graine) pour en éloigner tout ce qui pourrait lui
communiquer une odeur étrangère et désagréable,
on ne sera plus étonné de voir répandus dans le
commerce tant de cafés des îles, médiocres ou

mauvais, lesquels se vendent pourtant, parce qu'il y a peu de connaisseurs de cette denrée, et encore moins de gourmets d'une boisson devenue cependant aujourd'hui si commune.

Malgré ce qui vient d'être dit, on ne peut disconvenir que la différence du sol ou du climat n'influe jusqu'à un certain point sur la qualité du café ; elle dépend aussi de l'âge des arbres, quelle que soit la méthode de culture que l'on suive, car on ne suit pas la même partout ; elle varie selon les peuples et les pays ; et les cultivateurs du caféier, dans les Deux-Indes, ne sont pas quelquefois d'accord entr'eux sur des points très-essentiels. C'est après avoir lu et comparé tout ce qu'ils ont écrit à ce sujet, et après avoir fait nous-mêmes des observations sur cette culture, que nous présentons ici, au lieu d'une méthode locale et

particulière, des principes généraux appli-
cables dans tous les lieux où peut croître le caféier.

Quoique cet arbre soit originaire des pays chauds
de l'Asie et de l'Afrique, ce serait une erreur de
croire qu'on ne pourrait le naturaliser dans les
parties australes de l'Europe. Jean-Laurent Telli
a réussi à faire prendre racine au caféier dans le
jardin botanique de Pise. Cet arbre n'a pas besoin
d'une grande chaleur en hiver ; il suffit qu'elle
soit entre treize et quinze degrés Réaumur. D'un
seul individu qu'avait dans le principe Telli, et
qui chaque année a donné des fruits parfaitement
mûrs, il a obtenu successivement et en peu de
temps, jusqu'à vingt plantes, qu'il a envoyées à
différentes villes d'Italie. Les pays tempérés peuvent donc convenir aussi au caféier.

Si, pour former une caféterie, on prend les jeunes plantes qui naissent des fruits tombés, on aura des sujets faibles, qui languiront longtemps après leur transplantation ; il vaut mieux semer le café, soit à demeure, soit en pépinière : en semant à demeure, on s'épargne beaucoup d'embarras, la caféterie est plus tôt établie, et les caféiers non transplantés conservent leurs pivots, et résistent mieux aux ouragans. Cette méthode doit être adoptée de préférence dans les quartiers pluvieux; elle consiste à planter des piquets en quinconce, ou disposés de toute autre manière, et espacés convenablement. On fait un trou à chaque piquet dans lequel on met plusieurs graines. Quand les plants ont environ de trente-deux à trente-huit centimètres de hauteur, on n'en laisse qu'un dans chaque trou, et toujours le plus vigoureux.

Dans les endroits où il pleut rarement, une pépinière est indispensable. On choisit pour l'établir
un lieu assez découvert et un sol d'une médiocre
bonté, que l'on prépare par plusieurs labours,
sans le fumer. Le terrain est disposé en planches,
avec des rayons ouverts de quinze millimètres de
profondeur, et espacés de dix-huit centimètres.
On y sème à neuf ou dix centimètres de distance
l'une de l'autre, non la baie du café, mais la
graine ou fève dépouillée de sa pulpe et revêtue
de son enveloppe coriace. Les cerises réservées
pour le semis, doivent être fraîches, rouges et
cependant très-mûres ; les graines desséchées, ou
qui ne sont pas récentes, ne lèvent pas. Pour les
rendre plus faciles à manier, on les couvre d'un
peu de cendre avant de les semer. On doit les
mettre en terre immédiatement après la récolte,

ou dans les premiers quinze jours qui la suivent ; jusqu'à ce moment, on les laisse toujours dans la cendre, étendues dans un lieu couvert et aéré.

La saison la plus favorable pour faire les semis, est celle des équinoxes et des deux mois suivants, c'est-à-dire qu'on doit les commencer à l'équinoxe de septembre dans les pays situés en-deçà de l'équateur, comme la *Martinique* et *Saint-Domingue* ; et à l'équinoxe de mars, dans les contrées placées au-delà de la ligne, comme les îles de *France* et de *Bourbon*. Les jeunes plants n'auront alors à supporter que la chaleur du soleil d'hiver de ces climats, et seront déjà assez forts lorsque celle de l'été se fera sentir. En semant dans une saison contraire, on les exposerait à périr dès leur naissance. On ne doit point établir les semis près des haies ; leur ombrage arrête la végétation des jeunes cafés, et les vieilles haies dévorent la substance de la terre.

Il est convenable d'arroser la pépinière. Les cafés adultes ou avancés en âge, peuvent résister à la chaleur ; ils se font ombrage avec leurs feuilles, et leurs racines pénètrent en avant dans la terre ; mais dans leur enfance, privés d'ombre et de fraîcheur, et placés dans un sol meuble et plus perméable aux rayons du soleil, ils doivent être très-altérés ; les arrosements du soir sont préférables dans les pays chauds à ceux du matin et de la journée. On peut arroser à la main, par filtration ou par irrigation : il ne faut pas que les plants soient submergés ; l'on ne doit pas non plus répéter cette opération trop souvent, car les cafés trop arrosés ou élevés dans un terrain trop

humide, n'ont point, à la transplantation, la vi-
gueur des autres.

C'est dans l'hiver de ces pays qu'on transplante
ordinairement les cafés ; ils ont alors moins de
sève. On les enlève avec leur motte de terre ou
sans leur motte. Cette dernière méthode est la
plus suivie ; mais l'autre quoique plus longue, est
plus sûre et préférable ; en l'employant, on peut
se dispenser de consulter la saison, pourvu que la
transplantation se fasse dans un temps pluvieux.
On coupe ou l'on ne coupe pas le pivot du jeune
plant, suivant la nature du sol préparé pour le
recevoir : si ce sol a de la profondeur, le pivot
doit être conservé ; dans le cas contraire, on le
coupe en bec de flûte, au moment même et
dans le lieu de la transplantation. S'il n'était pas
coupé, ne pouvant percer le tuf ou la pierre qu'il

rencontrerait, il se roulerait en cis, et serait sujet
à être attaqué par les vers; d'ailleurs, son re-
tranchement favorise la pousse des racines laté-
rales. La profondeur des trous, la distance des
plants entr'eux et leur disposition sur le terrain,
sont également subordonnées, non-seulement à
sa qualité, mais encore à sa pente, plus ou moins
grande ou nulle, à son exposition et même aux
variations de l'atmosphère auxquelles est sujet le
lieu où est établie la caféterie. Il est clair qu'on
doit espacer davantage les cafés, et faire des trous
plus larges dans les quartiers humides et fréquemment arrosés, surtout si le sol est plat, riche
et profond. Dans les endroits secs, escarpés, ou
disposés en pente vive ou douce, les plants doivent être plus rapprochés, et les trous avoir une
largeur et une profondeur relatives. On ne peut

prescrire à cet égard aucune règle générale. Il
faut pourtant avoir soin de creuser toujours des
trous plutôt larges qu'étroits, dans les terrains
nouvellement défrichés, parce qu'ils sont remplis
de petites racines d'arbres qu'il importe d'enlever : elles servent de pâture aux vers blancs qui
attaquent ensuite celles du café, surtout le pivot,
et font périr l'arbre.

Le choix des plants est important. Ceux qu'on
prend dans sa pépinière, sont préférables aux
plants pris chez ses voisins ou sous les vieux cafés. On peut employer de petits plants de douze à
quinze centimètres, ou de plus forts. En général
ceux-ci réussissent mieux, parce que toute transplantation étant une crise pour le jeune arbre,
cette crise est mieux soutenue par le plan fort.
Cependant le succès des uns et des autres dépen-

dra de la saison, des précautions employées en les transplantant, et du temps qui a précédé et suivi la transplantation. Lorsqu'elle est achevée, on abrite les jeunes cafés avec des branchages garnis de feuilles ; et après leur reprise, au bout de quinze ou vingt jours, on retire cet abri ; les feuilles sont laissées au pied du plant, qu'elles maintiennent dans un état de fraîcheur ; elles engraissent d'ailleurs la terre.

Soit qu'on élève le café de graine semée en place, soit qu'on le transplante, on ne doit cultiver dans le même champ que du maïs et des petits pois, en ramenant ceux-ci, et pendant les deux premières années seulement ; après ce temps il ne faut rien mettre entre les caféiers. Il est prudent de faire, chaque année, des semis pour les remplacements. Les coups de soleil, les sécheresses,

les gros vers, les ouragans, détruisent assez souvent les arbres les plus vigoureux dans les caféteries les plus avancées, mais surtout dans les premières années de leur transplantation.

L'entretien des cafés jusqu'au temps de la récolte n'est pas difficile, il suffit de les sarcler deux
ou trois fois ; on arrache les herbes à la main ou
avec un couteau fait exprès, et au lieu de les
brûler on en fait des lits assez épais dont on en-
toure les pieds de café ; ainsi entassées elles ne
repoussent pas de sitôt, et elles étouffent celles
de dessous. On laisse aussi sur le sol de la caféterie les tiges sèches et les autres productions des
plantes herbacées qu'on y cultive : tout cela forme
en peu de temps un excellent terreau.

Dans les quartiers secs on doit retrancher
toutes les branches gourmandes à mesure qu'il en

paraît. Dans les endroits pluvieux il convient
peut-être de les laisser, afin qu'elles puissent ser-
vir d'écoulement à la sève surabondante. Il faut
tailler dans le vif les branches mortes ou à demi-
rompues et appliquer sur la plaie de la terre hu-
mectée. Quand un ouragan renverse des cafés,
on doit se hâter de les relever et les rehausser.
C'est principalement pour les garantir de la vio-
lence du vent, et aussi pour rendre la récolte plus
facile, qu'on a coutume de les étêter dans leur
jeunesse : cette opération contrarie cependant la
nature ; car il est hors de doute que l'arbre auquel on laisserait prendre son accroissement don-
nerait des fruits de meilleure qualité que l'arbre
étêté. Comme on plante communément les cafés
en ligne droite, il serait peut-être avantageux d'en
étêter la moitié, et de laisser l'autre moitié parve-

nir à toute sa hauteur, de façon qu'un arbre taillé se trouvât entre deux arbres non taillés et *vice versa;* disposés ainsi, ils ne pourraient pas se nuire en s'entrelaçant, et les arbres livrés à eux-mêmes étant plus précoces, pendant qu'on cueillerait leurs fruits, ceux des arbres taillés achèveraient de mûrir.

Lorsque les cafés sont fort vieux, qu'ils portent du bois mort et donnent peu de fruits, il faut les recéper le plus près de terre qu'on le pourra, et dans le moment où ils sont le moins en sève, c'est-à-dire à l'un des deux solstices, suivant le pays; on laboure la terre à leur pied, et on y met de l'engrais. Ces arbres entrent ordinairement en grand rapport à la quatrième année, et fructifient pendant environ trente ou quarante ans.

2.

Récolte du Café

Cette récolte se fait 'à la main, et à deux ou trois époques. L'objet essentiel est de ne récolter le grain que lorsqu'il est parfaitement mûr : sa maturité se reconnaît à la couleur de la cerise ; quand elle est d'un rouge bien foncé, et qu'elle commence à brunir, il est temps de la cueillir. On doit avoir soin en la cueillant de ne point effeuiller les extrémités des branches et de ne pas endommager les bourgeons qui s'y trouvent et qui doivent fleurir bientôt après ; il faut enlever les cerises par chaque anneau séparément en tournant et retournant la main droite sur elle-même, tandis que la main gauche contiendra la branche. Ceci n'est applicable qu'à la grande récolte; dans les autres on ne trouve des grains mûrs que çà et là, et l'on est obligé de les cueillir un à un.

Il serait à désirer, non-seulement pour la prompte dessication de la cerise et du grain, mais encore pour la santé des noirs, que l'on pût toujours ré-colter le *café* dans un temps sec, après que la rosée est passée, et au moment où le soleil darde ses rayons avec plus de force. Malheureusement dans la plupart des Antilles, presque toute les *caféteries* sont établies dans les mornes, où il pleut très-fréquemment; on ne veut pas attendre l'instant favorable, où ne le peut pas; on cueille la cerise encore tout humide; les cultivateurs chargés de ce soin sont exposés à la pluie ou à la rosée; ils sont à la vérité vêtus, mais l'humidité échauffée par les habits est plus funeste que celle qui est reçue à nu sur le corps; de là naissent beaucoup de maladies. Aussi toutes choses égales d'ailleurs, périt-il proportionnellement plus de nègres dans les établissements de cafés qué dans les autres, quoique le contraire dût arriver, puisque dans nos îles, comme dans tout pays, l'air de la montagne est ordinairement plus vif et plus sain que celui des plaines et des bords de la mer.

Lorsque la cerise est cueillie, le premier soin doit être de la déssécher, pour pouvoir séparer plus aisément la pulpe de la fève. On l'expose donc, pendant quelques jours, à l'air et au soleil,

sur des aires préparées de différentes manières ;
celles qui sont pavées ou revêtues d'un bon ci-
ment avec une pente pour l'écoulement des eaux,
remplissent mieux le but qu'on se propose. Sur
ces aires, les cerises sont échauffées à la fois dans
toutes leurs surfaces par la réverbération des
rayons du soleil ; on n'a pas besoin de les retour-
ner aussi souvent, et s'il survient quelque humidité, elle est promptement dissipée. Il faut faire
attention de ne pas les laisser en tas ; elles fer-
mentent alors, le suc de la pulpe devient spiri-
tueux et volatil, et, pénétrant jusqu'à la fève à tra-
vers son enveloppe coriace, il lui communique
un goût d'aigre et une odeur désagréable.

La méthode de sécher la cerise à l'étuve est
celle de toutes qui paraît mériter la préférence ;
elle est presque indispensable dans les endroits

très-pluvieux, on n'a point à craindre de fermentation, le desséchement est plus sûr, plus prompt, plus complet, sujet à moins de main-d'œuvre et à moins d'inconvénients. L'étuve ne doit point être aussi vaste qu'on pourrait le penser, parce que le *café* d'une plantation ne se récolte pas tout à la fois.

Dans les Antilles, on dépouille le café de sa pulpe pendant qu'elle est rouge par le moyen des moulins, et on rejette la pulpe comme inutile. Les Arabes, au contraire, font sécher la cerise, parce qu'ils emploient la pulpe desséchée en boisson théiforme, et qu'elle est un objet de commerce.

Quand cette pulpe est enlevée, on lave les fèves, on les met sécher au soleil, on leur enlève leur enveloppe coriace en les pilant, et on les

vanne ; ensuite on fait sécher de nouveau le *café*
soit à l'air libre, soit à l'étuve ou au four ; l'étuve
lui ôte toute sa verdeur sur-le-champ ; il est
enfin mis dans des sacs. Si au lieu de déssécher
le *café* mondé, on l'enferme au sortir du pilon ou
du moulin, il contracte alors une odeur qui dimi-
nue de sa qualité. Les sacs doivent être élevés
au-dessus de la terre ou du plancher, disposés les
uns sur les autres, à angles droits, dans un lieu
couvert et aéré, et l'on doit en éloigner avec soin
tous les corps dont les émanations pourraient
communiquer au café une odeur étrangère, et
altérer son parfum. Il est difficile de prendre
cette dernière précaution dans un navire ; c'est
un grand inconvénient, et qui, ajouté à tous les
contre temps, et à toutes les négligences qui ont
accompagné la récolte de cette denrée, fait qu'on

la trouve si rarement de bien bonne qualité

Miller raconte qu'un vaisseau venant des Indes,

chargé de *café*, ayant pris à bord plusieurs sacs

de poivre, toute la cargaison de *café* fut absolu-

ment perdue.

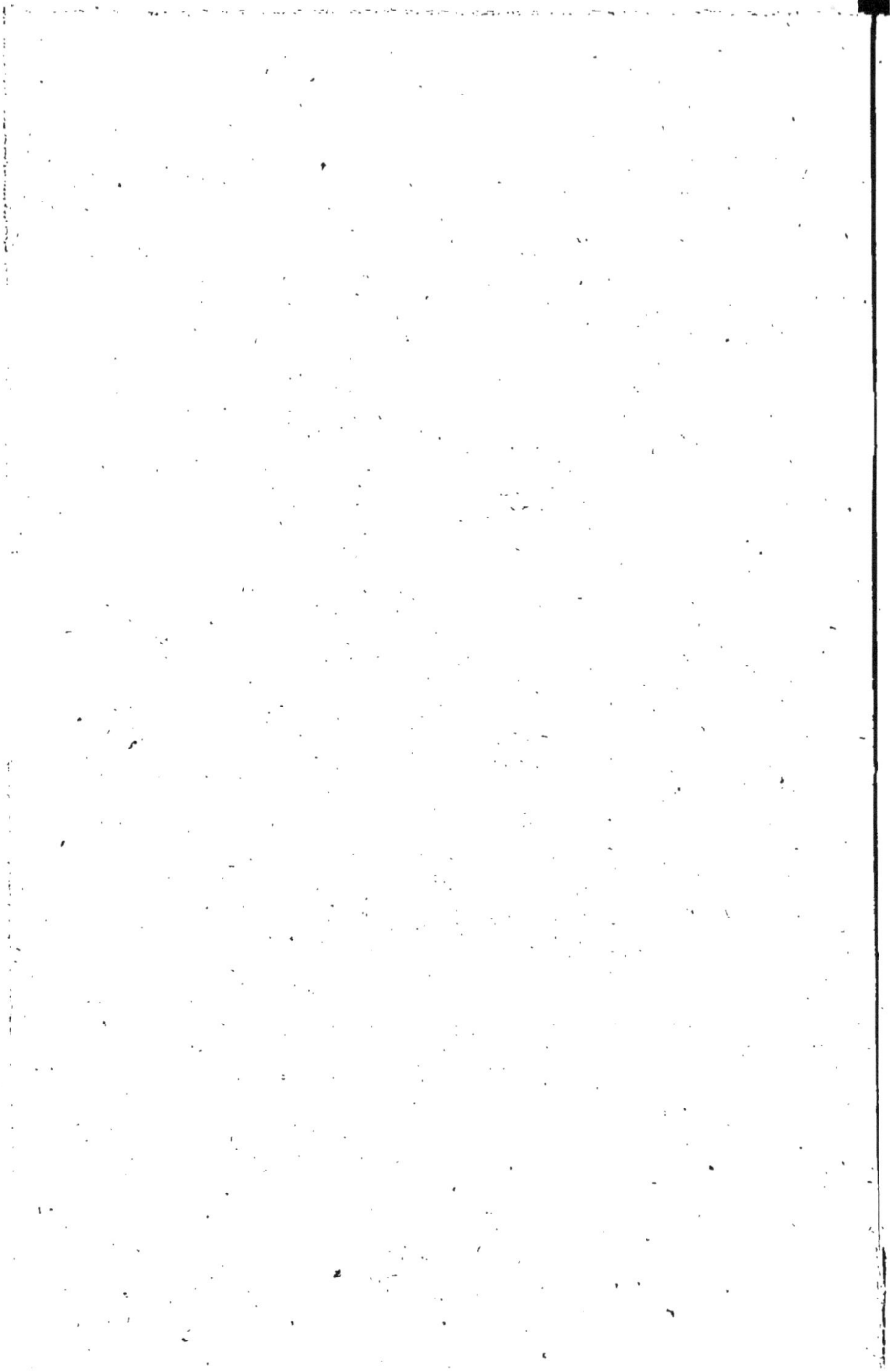

Diverses espèces de Café

Les cafés portent le nom des pays qui les four-
nissent. On les classe ordinairement dans l'or-
dre suivant [1] d'après leurs qualités supérieures :

MOKA. C'est le café le plus cher et le plus estimé. Fèves en général petites, presque arrondies,
assez pelliculées; différentes entre elles de forme
et de grosseur, les unes larges et aplaties, d'autres petites et arrondies, d'autres roulées. Les
semences de moka, qui sont arrondies, se trou-

[1] Joseph Garnier.

vent seules dans la coque; elles ont pris cette disposition particulière à cause de l'avortement de celle qui devait se trouver dans l'autre moitié du fruit. Les fèves de moka ont une couleur jaune ou verdâtre, un parfum très-prononcé, et une saveur agréable plus sensible que dans les autres espèces. Quelques fèves sont enveloppées de leur coque, d'autres sont entièrement noires. A ce sujet, il est bon de savoir que les vieux caféiers au lieu de produire deux semences, n'en donnent qu'une presque arrondie. C'est ce café que l'en vend très-souvent en France pour du café moka. Le consommateur devra donc ajouter, aux caractères physiques qui précèdent, l'odeur et la saveur de l'infusion ; mais il ne perdra pas de vue que cette appréciation exige un palais exercé. et un talent de dégustation que tout le monde n'a pas, et qui ne s'acquiert que par un long exercice.

MARTINIQUE. On lui assigne le premier rang après le café moka à cause de la franchise de son goût. Fèves plus volumineuses, plus allongées, arrondies à leurs extrémités; d'une couleur vert clair, quelquefois un peu foncé; conservant presque toujours une pelliculle grise et argentée qui se détache par la torréfaction. Sillon longitudinal bien ouvert, surtout vers le milieu de sa longueur; quelquefois contourné. Odeur agréable et franche. Saveur qui rappelle celle du froment.

On en distingue généralement trois variétés : le martinique fin vert, le martinique fin jaune, et le martinique ordinaire.

GUADELOUPE. Fèves fortes et allongées, régulières, luisantes, rarement pelliculées, d'un vert plus ou moins plombé, nettes.

Bourbon. Il a beaucoup d'analogie avec le moka, dont il paraît du reste qu'il tire son origine. Les fèves sont petites, de formes différentes, la plupart arrondies et de couleur jaune ou verte. Le parfum est agréable, mais assez faible, quoiqu'un palais médiocrement exercé puisse le reconnaître. On en distingue plusieurs sortes, car il nous arrive ordinairement par partie composées de fèves régulières entre elles pour la forme et la couleur. On est généralement dans l'habitude de les classer de la manière suivante :

Bourbon fin vert. Fèves petites, arrondies, peu pelliculées, peu sillonnées. Parfum doux et agréable. Couleur plus verte.

Bourbon fin jaune. Mêmes caractères, mais couleur plus jaune.

Bourbon ordinaire. Fèves plus fortes, moins arrondies, irrégulières, tantôt vertes, tantôt jaunes. Parfum moins agréable.

Le commerce a introduit depuis une trentaine d'années une variété particulière de Bourbon qui a l'odeur du thé. Les fèves sont allongées et pointues en forme de navettes, couvertes d'une pelliculle adhérente, et semblable pour la couleur aux autres bourbons. Il est probable que cette odeur caractéristique est due au voisinage du thé.

Emb. des cafés bourbons. Double sac de jonc. Balles de 50 et quelquefois de 25 kilogrammes.

Le café bourbon est produit par une variété du *cofféa arabica* de Linnée ; mais on a trouvé aussi

à l'île Bourbon un café arrondi par une extrémité, allongé par l'autre, et on lui a donné le
nom de café *Marron*. Le commerce ne l'a pas
répandu à cause de ses mauvaises qualités. Lamark a donné à l'arbre qui le produit le nom de
cofféa mauritania.

HAÏTI. Analogue au Martinique, quoique peu
recherché, mais plus gros, plus allongé, et caractérisé surtout par ses deux extrémités terminées
en pointe. Les fèves sont très-irrégulières entre
elles, rarement pelliculées, quelquefois avec une
pellicule rougeâtre, mais généralement d'un
vert clair et quelquefois blanchâtre. Saveur quelquefois légèrement acide. Cette variété est souvent chargée de pierres et de fèves noires ou cassées.

CAYENNE. Fèves mal conformées, larges et

aplaties ; pellicule blanchâtre qui s'étend, pour quelques-unes, jusque sur le côté plat, et donne un reflet argenté. Elles sont en général d'un vert noirâtre terne. — Futailles et sacs en toile de chanvre.

Cuba. Fèves petites, assez régulières entre elles avec beaucoup de fèves roulées par la cause dont nous avons parlé à l'occasion du café moka, partagées par le sillon en deux parties inégales ; elles sont en général très-nettes. Quelques-unes sont recouvertes d'une pellicule rougeâtre très-adhérente. La couleur est tantôt vert-tendre, tantôt vert-jaune.

Ceylan. Fèves irrégulières. Quelques-unes jaune-pâle, d'autres verdâtre-foncé et noires quelquefois. Odeur et saveur faibles.

Porto-Rico. Fèves assez semblables à celles du

3.

Martinique ; mais légèrement recourbées, plus courtes et moins pelliculées. Odeur et saveur moins agréables.

Brésil. Fèves irrégulières dans leur forme. Les petites ont quelque analogie avec celles du moka, les grandes ressemblent à celles du café bourbon ordinaire. Les unes et les autres sont d'un jaune plus foncé que celui du moka. La pellicule est peu abondante, jaune et brillante.

Celui qui vient de Rio-Janéiro est en fèves assez fortes, régulières, peu allongées ; tantôt jaunes tantôt vertes, peu pelliculées et d'une odeur forte.

Java. Fèves fortes, allongées et d'un jaune-brun ; quelquefois jaune-pâle ou verdâtre, et recouvertes de leur arille ou pellicule. Beaucoup d'odeur. Cette variété contient souvent des grains noirs et de grains cassés.

SUMATRA. Fèves également fortes et allongées pelliculées, un peu aplaties ; de couleur jaune, brune, rougeâtre et noire. Beaucoup d'odeur. Saveur caractérisée par l'amertume.

JAMAÏQUE. Fèves en général assez fortes, quelquefois contournées ; sans pellicule ; colorées en vert-clair ; d'une odeur agréable assez prononcée.

Café bleu de la Jamaïque. Les Anglais ont donné ce nom à une variété de fèves de la Jamaïque qui se font remarquer par une couleur jaunâtre, plombée foncée. On le vend en Angleterre depuis un petit nombre d'années. Nous ne pensons pas qu'on en consomme en France.

MANILLE. Fèves moyennes, pelliculées d'un gris

tirant sur le verdâtre. Pas d'odeur. Peu connu dans le commerce.

Ces caractères tendent continuellement à varier avec les nouveaux procédés de culture. Cependant il n'y a pas d'amélioration sensible dans la bonté des cafés américains.

Voici, pour notre part, le résultat de nos études sur les cafés, leurs caractères, leur provenance :

ÉTAT NOMINATIF

DES

CAFÉS DES DIFFÉRENTES PROVENANCES AVEC NOTES EXPLICATIVES

Nos	NOMS DES CAFÉS	OBSERVATIONS	PROVENANCES
1	Moka en baies.	Type des fruits du caféier.	
2	Moka origine nature.	Sortant de la baie.	
3	Moka trié.	Éclectisme des grains de Moka.	
		Saveur, arôme puissant, très-agréable, qual. ultra.	Arabie.
4	Bourbon vert réunion St-Denis.	Approchant du Moka par sa qualité, mais d'un arôme plus faible; quatre variétés qui ne sont pas toujours bien tranchées.	Île Bourbon.
5	Bourbon jaune St-Denis.		
6	Bourbon rond.		
7	Bourbon roi.		
8	Guadeloupe habitant.	Très-beaux à l'œil, force supérieure et goût moins suave que le Moka et le Bourbon.	Antilles.
9	Martinique bonifieur 1er choix.		
10	Guadeloupe.		
11	Martinique ordinaire.		

N°	NOMS DES CAFÉS	OBSERVATIONS	PROVENANCES
12	Imitation Martinique.	Cafés réguliers de diverses provenances passés dans des cylindres renfermant de la mine de plomb, et que le connaisseur sait distinguer.	Ile du cap Vert.
13	San Yago.	Classé parmi les Martiniques ordinaires.	
14	Martinique bon 2me choix.	Voir l'observation sur les Martiniques en général.	Antilles.
15	Caracoly fin vert.	Il provient du triage des Martiniques, en a toutes les qualités et de plus une régularité parfaite qui le rend préférable à eux; aussi est-il beaucoup estimé des connaisseurs.	
16	Caracoly travaillé.	Même opération que pour les Martiniques imitation.	
17	Caracoly jaune.		
18	Maracaybo.	Caracooly transplanté, force inférieure à celle du Caracoly original.	Colombie.
19	Macassar natif.	Le plus vieux des cafés, prennent tous les autres par se délicatesse et généralement estimé des amateurs anglais.	Moluques.
20	Macassar plantation.	Moins fin en goût.	
21	Costa Rica de Vras.	Beauté, force et goût supérieurs à ceux du Costa-Rica ordinaire, et dus au terrain et à la bonne culture.	Costa Rica
22	Costa-Rica ordinaire.	Fort et en qualité ordinaire.	Mexique.
23	Java vert.	Régulier, d'une nuance tendre, devient double en volume par la torréfaction, arôme excessif et conservant un léger goût de sève.	Iles malaises.

N°	NOMS DES CAFÉS	OBSERVATIONS	PROVENANCES
24	Java Chéribon.	Plus gros que le premier, d'un vert jaunâtre, similitude avec le Costa-Rica.	Iles malaises.
25	Java jaune (Batavia).	Arôme léger, force ordinaire, plus répandu dans la consommation.	
26	Mysore vert.	Très-doux, délicat, a un léger goût de sève.	Inde anglaise.
27	Mysore jaune.	Arôme, force et finesse de goût, odeur sensible de cacao.	
28	Ceylan plantation.	Occupant l'un des derniers rangs et ayant à l'œil de l'analogie avec les Martiniques.	Lieux divers.
29	Ceylan natif.	Qualité commune, odeur douce.	Ile de Ceylan.
30	Ceylan d'Afrique.	Belle fève, belle nuance, peu d'arôme, légère amertume.	Afrique.
31	Mysore 1re qualité (imitation Moka).	Moins fin, moins fort et moins d'arôme que le Moka.	Inde.
32	Zanzibar.	Moka mangeminé, très-bon, mais inférieur au Moka d'Arabie.	Ile Zanzibar.
33	Manille.	Assez régulier, inodore, d'une nuance pâle, facile à torréfier, goût commun.	Iles Philippines.
34	Mindanao.	Diffère peu du Manille, dont il n'est qu'une variété.	
35	Guyara petite fève.	Irrégulier en nuance et en grosseur, fort d'arôme, qualité moyenne, goût de sève.	
36	Guyara-Caracas.	Assez régulier, supérieur au précédent, rapport intime en qualité avec le Costa-Rica.	Colombie.
37	Guyara fin vert.	Grain régulier, force ordinaire, analogie de goût avec le Bourbon vert.	

No	NOMS DES CAFÉS	OBSERVATIONS	PROVENANCES
38	Guyara non gragé.	A peu près semblable au Guyara-Caracas, mais plus estimé.	Colombie.
39	Martinique St-Vincent.	Variété inférieure de Martinique.	Antilles.
40	Ceylan trié.	Peu différent du Ceylan natif, goût de sève prononcé.	Iles de Ceylan
41	Malabar.	Nuances diverses, très-bon goût.	Indes orientales.
42	Porto-Rico vert.	Fade, sans odeur, jolie nuance.	Antilles.
43	Rio-Montagne.	Nuances diverses, le plus fort des Rio.	
44	Rio-Janeiro.	Similitude de couleur avec le Porto-Rico vert, amertume.	
45	Rio lavé.	Très-ordinaire, très-consommé, mais peu apprécié.	Brésil.
46	Rio non lavé.	Très-mauvais goût, et à bon droit peu estimé.	
47	Rio St-Lucie.	Café très-inférieur; tous les Rio le sont aussi.	
48	Porto-Bello.	Fort et amer.	Isthme de Panama
49	Colombo.	Goût agréable, peu fort.	
50	Carmena.	Plus d'arôme que le Colombo.	Colombie.
51	Demerary.	Joli, qualité des Menilil.	Guyane.
52	Singhapour-Malacca.	Vilain à l'oeil, peu estimé de l'amateur et pourtant très-employé dans le Nord, légèrement aromatisé.	
53	Singhapour.	Laid; son odeur tient de colle du poivre et du girofle, et résinie à la torréfaction.	Indo-Chine.
54	Padang.	Très-jeune, très-léger, forte odeur d'aromates, estimé.	

No	NOMS DES CAFÉS	OBSERVATIONS	PROVENANCES
55	Saint-Domingue ou Haïti.	Tenant le milieu entre le Shiagapour et le Padang, très-pierreux, bon degré et brûlé.	Antilles.
56	Haïti Cap de Fayes.	Café ordinaire, difficile à torréfier, maturité incomplète.	
57	Haïti-Cayes et St-Louis.	Diffère peu du précédent.	
58	Haïti-Jacmel.	Le plus fort des Haïti.	
59	Cafés avariés.	Avaries causées par l'eau de mer.	Divers lieux.
60	Cafés concassés (système Robin).	Les dix meilleures qualités de café entrent dans la composition du Café Robin. Ces cafés sont concassés avant leurs torréfactions respectives.	Torréfactions diverses.

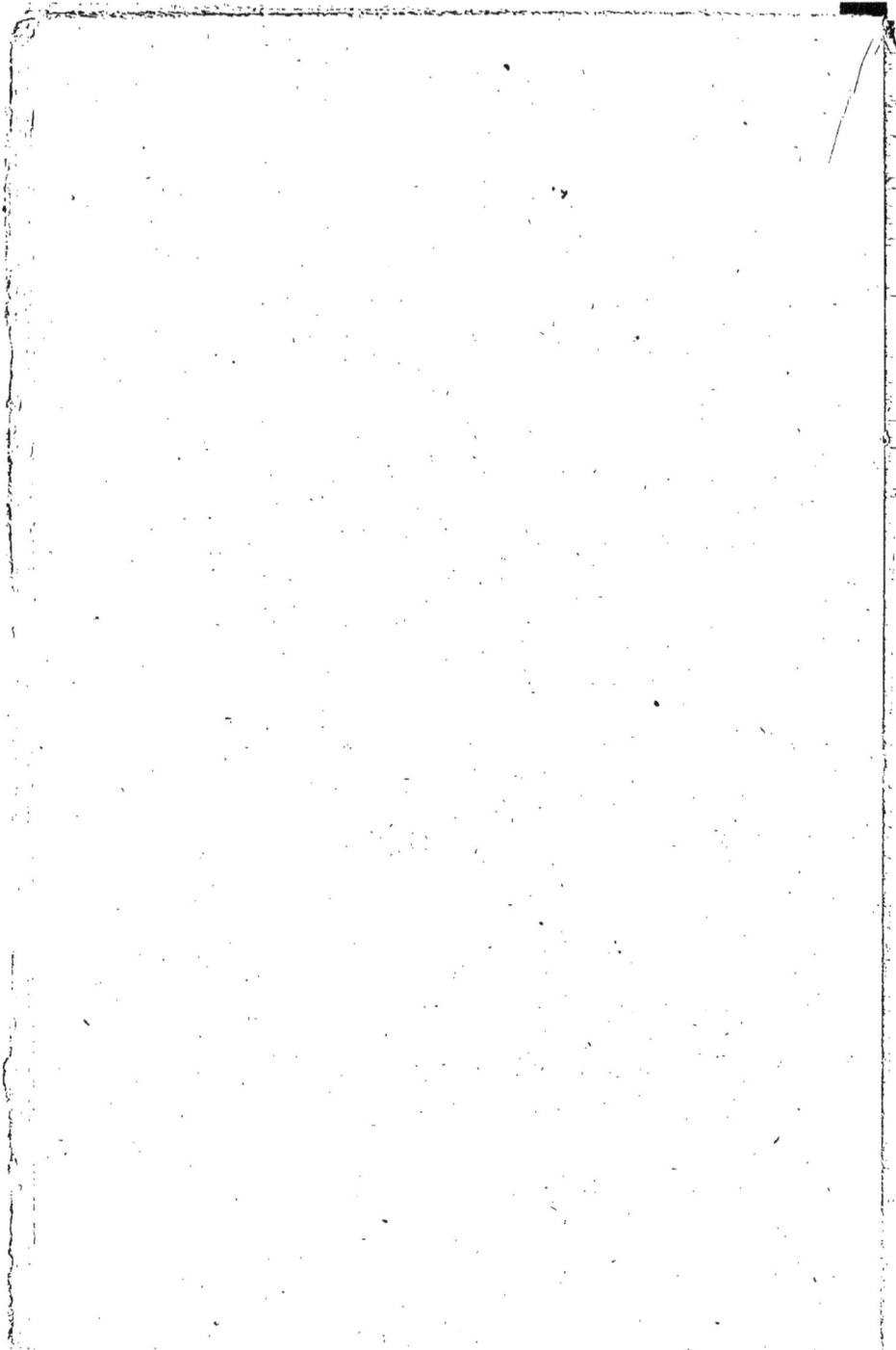

Du commerce des Cafés

Importation en France des Cafés pendant les années
1830 à 1833

Marchandises arrivées. (Commerce général).	k.	March. mises en consommat. (Commerce spécial).	k.
Villes anséatiques.	178,965	. . . .	59,811
Hollande	5,876	. . . .	5,941
Belgique.	911,809	. . . .	532,752
Angleterre	302,857	. . . .	81
Espagne.	163,946	. . . .	6,240
Autriche.	35,130	. . . .	732
Sardaigne.	4,998	. . . .	2,789
Toscane	6,824	. . . .	1,693
Allemagne	251,185	. . . .	53
Turquie	12,828	. . . .	215
Alger.	2,224	. . . .	39
Ile Maurice	113,179	. . . .	57,681
Côte d'Afrique	626	. . . .	3,165
Indes anglaises.	646,882	. . . .	225,123
Id. hollandaises	376,932	. . . .	216,868
Id. françaises.	4,669	. . . .	70
Chine	477	. . . .	459
Etats-Unis.	3.880,653	. . . .	1,751,688
Haïti.	3.716,206	. . . .	3,169.026
Cuba.	3,959,067	. . . .	1,871,286
Saint-Thomas.	355,277	. . . .	192,945
Brésil	1,868,292	. . . .	269,737
Mexique.	8,790	. . . .	6,248
Colombie	397,075	. . . .	203,883
Rio de la Plata	5,406	. . . .	936
Guadeloupe.	1,141,267	. . . .	901,244
Martinique	660,879	. . . .	520,155
Bourbon.	925.599	. . . .	867,421
Cayenne	22,623	. . . .	24,757
Ep. et Sauv	56,712	. . . .	683
Total.	20,111,732	Total.	10,893,721

évalués à 85 c., excepté Guadeloupe, Martinique et Cayenne évalués à 1 f. 60 c., et Bourbon 1 f. 40 c. = 18,887,624.

= 10,821,360 fr., valeur offic., droits perçus, 10,222,581

En 1833.		En 1833
		droits :
1 9,132,355 kil = 17,786,001		9·365,249=9,432,625f. 8,640,868
En 1832.		En 1832
19,310,614 kil. = 18,463,953		10,438.185=10,433,196,9,893,040
En 1831.		En 1831.
9,344,399 kil. [1] = 9,051,679		8,239.936 = 841,283 7,579,662
En 1830.		En 1830
13,432,006 kil. = 16,431,106		9,805,916=9,629,138 1,681,739

[1] A 77 1|2 centimes.

De 1827 à 1836, la moyenne décennale des importations avait été de 17,152,879 kilog.; et, dans la période suivante, 1837 à 1846, elle monte à 21,905,327 kilog.

Tableau des importations et de la mise en consommation du Café de 1850 à 1857 [1]

Années.	Importations.	Mise en consommation.
1850	22,672,040	15,363,535
1851	31,990,450	18,659,348
1852	34,401,195	21,573,322
1853	27,783,261	19,956,762
1854	34,977,033	21,720,009

[1] G. Brunet, secrétaire de la Chambre de Commerce de Bordeaux.

1855	39,915,120	26,740,593
1856	40,090,439	23,311,448
1857	53,777,162	27,985,609

Ces chiffres donnent, en moyenne, à l'importation 35,743,811 kilog. et à la consommation 21,916,578 kilog.

Tableau officiel des importations des Cafés en France
pendant les années 1850 à 1857, inclusivement

	1850	1851	1852	1853
Brésil	5,575,293	14,548,570	11,826,384	9,715,598
Haïti.	5,353,540	5,232,293	6,329,258	4,462,906
De l'Inde	5,423,925	4,486,413	7,756,163	6,712,889
Cuba et Puerto-Rico.	2,436,989	3,259,202	3,103,844	2,573.053
Venezuela	1,595,486	2,201,752	2,554,904	1,866,227
Colonies françaises .	691,861	539.897	828,647	960,233
Autres pays.	648,347	641,241	1,175,809	391,132
Entrepôts.	946,602	1,081,072	828,186	1,101,223
Total. . . .	22,672,043	31,990,440	34,403,195	27,783,251

	1854	1855	1856	1857
Brésil	10,769,774	16,188,634	12,974,763	16,177,400
Haïti.	4,929,496	5,881,283	5,403,667	11,841,100
De l'Inde	8,774,673	9,396,153	12,205,630	15,067,600
Cuba et Puerto-Rico.	2,802,249	2,557,934	2,021,480	1,683,500
Venezuela	4,522,691	3,238,169	3,025,846	3,209,000
Colonies françaises .	669,420	683,021	878.627	»
Autres pays	995,343	1,032,423	1,463,361	5,798,500
Entrepôts.	1,513,367	445,745	2,116,850	»
Total. . . .	34,977,033	39,423,362	40,090.230	53,777,100

En divisant cette période de huit années en
deux périodes égales, on trouve que l'augmenta-
tion dans les importations, pour les quatre dernières années, est de 34 p. 100 sur le café du
Brésil, 31 p. 100 sur celui d'Haïti, 86 p. 100 sur
celui de l'Inde, 70 p. 100 sur celui de Venezuela
(la Guayra).

Par contre, il y a eu diminution de 23 p. 100
sur le café de Cuba et de Puerto-Rico.

Exportations

Il est difficile, dit M. G. Brunet, d'apprécier avec quelque exactitude la production totale du café. Plusieurs pays n'offrent, à cet égard, aucun renseignement statistique digne de foi, et les estimations varient. Des calculs, dans lesquels on n'a rien épargné pour se rapprocher autant que possible de la vérité, ont évalué à 585 millions de livres anglaises, soit 265 millions de kilog., l'importance des récoltes de 1855; ce chiffre peut se répartir comme suit :

	Millons de kilog.		Millions de kilog.
Brésil,	130	Costa-Rica,	2 1/2
Java,	55	Moka,	2 1/2
Ceylan,	17	Antilles anglaises,	2 1/2
Haïti,	16	—françaises et hol-	
Guayra,	15	landaises,	1 1/2
Cuba et P.-Rico,	14	Manille,	1 1/2
Sumatra,	5	Afrique et aut. pays.	3

Le Brésil occupe le premier rang dans la production du café; c'est surtout, comme nous l'avons dit, vers les États-Unis que se dirigent les expéditions en paiement des denrées que les consommateurs brésiliens reçoivent des ports de l'Union. En 1822, ces expéditions étaient peu importantes. En 1833, elles avaient acquis assez de développement pour qu'un tiers environ des cafés introduits aux États-Unis fût d'origine brésilienne. 14,806,000 livres étaient le chiffre de la moyenne annuelle des arrivages pendant la période 1825 et 1834; et cette moyenne atteignit 111,143,000

livres en 1845 et 1854. Elle est arrivée, en 1855,
à 238 millions.

Pour apprécier d'ailleurs à quel point l'expor-
tation des cafés a pris, à Rio-Janeiro, un développement remarquable, il suffit de jeter les yeux
sur les chiffres des huit dernières années :

1850	1,329,300 sacs.	1854	1,994,500 sacs.
1851	1,993,200	1855	2,392,100
1852	1,899,800	1856	2,167,200
1853	1,657,500	1857	2,065,700

En 1855, année où se présente le maximum
des exportations, elles se sont réparties de la
façon suivante :

Pour l'Europe. . . . . . . 1,281,000 sacs.
Pour les Etats-Unis 1,111,000

Afin de juger des progrès qu'a fait au Brésil la
culture du caféier, il faut se souvenir qu'en 1820
les expéditions ne dépassèrent pas 97,500 sacs;
en 1824, elles arrivèrent à 224,000; de 1827 à

4

1831, elles flottèrent entre 350,000 et 491,000. En 1840, elles dépassèrent, pour la première fois, 1 million.

Quant à la France, elle n'avait reçu du Brésil, en 1837, que 1,562,000 kilog. de café ; en vingt ans, ces exportations ont augmenté de 800 p. 100 ; le chiffre de 12,974,000 kilog. a été atteint en 1856.

Il serait superflu, dans un Mémoire académique, d'examiner en détail la production du café dans tous les États ; ce travail serait très-difficile d'ailleurs, en l'absence de documents complets.

Analyses chimiques du Café

Cadet, Armand Seguin, Dermant, Levy, Payen, etc., ont donné diverses analyses du café ; Cadet y a trouvé du mucilage, de la résine, une matière extractive colorante, de l'acide gallique, de l'albumine, un principe aromatique.

Les analyses d'Armand Seguin, de Dermant, de Levy, se rapprochent beaucoup de celle de Cadet.

Les cendres du café ont donné :

Silice	2,95
Acide carbonique.	16,27
A reporter.	19,22

	Report . . .	19,22
Acide phosphorique		11,24
Chlore		1,01
Oxyde ferrique		0,55
Chaux		3,58
Magnésie		9,01
Potasse		41,11
Soude. . . . . , . .		12,20
Charbon et perte		2,08
		100,00

Payen a trouvé dans ses dernières analyses :

Cellulose	34
Eau hygroscopique.	12
Substances grasses	de 10 à 13
Glucose, dextrine, acide végétal indéterminé	15,5
Légumine, caféine, etc.	10
Chloriginate de potasse et de	

A reporter. 84,5

Report. 84,5

caféine. . . . . de 3,5 à 5

Organisme azoté 3

Caféine libre 0,8

Huile essent. concrète insoluble 0,001

Essence aromatique soluble, à

   odeur suave. 0,002

Substances minérales: potasse,

   magnésie, chaux, acides,

   phosphorique, silicique et

   sulfurique, chlore 6,697
_____
100,000

Café.

Le café normal torréflé au *roux* perd 15 p. % de son poids

  Id.   au *marron* 20   Id.

   Id.   au *brun noir* 25   Id.

NATURE DU CAFÉ	EAU hygroscopique	CENDRES p.% sec	AZOTE DANS 100 PARTIES DE CAFÉ		Matières organiq.	AZOTE dans 75 parties de café torréfié au brun noir
			État naturel	Desséché		
Café normal. { Bourbon	»	4,66	»	2,54	2,66	»
Martinique	11,58	5,00	2,22	2,46	2,59	»
Moka	»	7,84	»	2,49	2,71	»
Café torréfié au brun marron.	2,35	5,30	2,36	2,41	2,53	1,77

NATURE DU CAFÉ	QUANTITÉ DE MATIÈRE SOLUBLE extraite de 100 grammes de café par l'eau bouillante	
	Après épuisement complet	Après infusion par filtrat. de 1 litre d'eau, suivant le mode ordinaire
	Gr.	Gr.
Café Martinique normal, divisé à la lime, contenant 11,5 p. % d'eau.	40,00	»
Café (pulvérisé) torréfié au roux.	37,00	25,00
Id. id. torréfié au maron.	37,10	19,00
Id. id. torréfié au brun.	37,25	16,15

CAFÉ 100 parties d'extrait sec obtenu par l'infusion renferment :

	(1)	(2)	(3)
Café torréfié au brun	18.9	4,36	27.03
au marron	16,9	3,82	23,68

CAFÉ. La graine de café verte, traitée convenablement, contient, entre autres produits, du ligneux (cellulose), une matière grasse et de la légumine ; la composition de ces substances est la suivante :

Ligneux (cellulose), desséché à 130°, contient :

Carbone	47,48
Hydrogène	6,53
Oxygène	45,99
	100,00

Acide gras, desséché à 100° et provenant de la saponification de la matière grasse :

Carbone	75,40
Hydrogène	12 30
Oxygène	12,30
	100,00

[1] Substances minérales. — [2] Azote. — [3] Substances azotées.
(PAYEN, *Comptes rendus de l'acad. des Sciences*, 1846, 1er semestre, p. 724.)

Légumine, desséchée à 130°, contient p. º/₀ :

Carbone. . . . , ... : . 52,64
Hydrogène. 6,97

BOCHLEDER, *Revue scientifique et industrielle*, t. II, 2ᵉ série,
p. 308.

Action physiologique et thérapeutique
du Café

Les effets physiologiques du café sont curieux
et importants à étudier. Son action principale,
celle de laquelle résultent les indications théra-
peutiques qu'il est propre à remplir, cette action
consiste en ceci, qu'il stimule ou plutôt éveille le
cerveau sans l'échauffer, comme les alcooliques
par exemple, et en ce qu'il développe en outre
chez les gens un peu nerveux, un état d'éré-
thisme, une disposition spasmodique et vaporeuse
assez comparable à celle que nous avons décrite

en traitant de la médication antispasmodique, sous le titre de *mobilité*. C'est donc sur le système nerveux et très-peu sur le système sanguin que porte l'action du café. En effet sous son influence ce n'est pas le pouls ni la chaleur générale qui se développent, ou si le premier s'accélère, c'est indépendamment de la seconde, ce qui atteste non pas une excitation sanguine, une fièvre artificielle, mais une stimulation nerveuse, une névrose passagère comme sa cause.

Un des caractères les plus remarquables de son action chez les personnes à système nerveux mobile, c'est l'anxiété épigastrique à laquelle il donne lieu, anxiété épigastrique connue de tout le monde et semblable à celle dont on est affecté sous le coup d'une émotion morale. Van Helmont aurait dit *qu'il révoltait le grand archée*. Il y a là cet *aura* émanant du système nerveux viscéral, sur lequel nous avons tant insisté dans nos études sur la médication antispasmodique. Le tremblement des membres est aussi un des effets physiologiques du café. Ajoutons à cela l'éveil du centre cérébral, la plus grande facilité du travail intellectuel, l'abondance des idées, l'aptitude plus vive des sens à percevoir leurs stimulants particuliers. L'insomnie est aussi un des effets les plus constants du café. Tous ces phénomènes se remarquent principalement et presque uniquement chez les personnes nerveuses, et non habituées à son usage.

Une expérience vulgaire a consacré l'usage du café dans les céphalalgies, surtout celles qui surviennent après le repas ou chez les personnes nerveuses. Ainsi les légères migraines y cèdent presque toujours. Des médecins *rationalistes* établiraient à cet égard de nombreuses et capitales distinctions, et pourtant l'empirisme domestique fait mieux ici que la science la plus sévère, et le café est en possession de guérir presque tous *les maux de tête,* ceux au moins qui sont idiopathiques et ne sont pas le prélude ou le symptôme d'une fièvre, d'une maladie aigüe, etc.

La propriété qu'a le café d'éveiller le cerveau et les sens, de chasser le sommeil, d'activer toutes les fonctions cérébrales relatives à la manifestation de la pensée, a sans doute fait naître l'idée de combattre par son secours la stupeur, le narcotisme spontané, les affections apoplectiformes, puis bientôt, analogiquement, les mêmes accidents artificiellement produits par les substances stupéfiantes, l'opium en particulier.

Willis, dans son ouvrage qui a pour titre :
Diatriba de medicamentorum operationibus,
range le café parmi les agents *antihypnotiques,*
liquor coffeæ ad narcosim pellendam summè
efficax.

Depuis ce temps il n'a pas cessé d'être conseillé
dans les maladies soporeuses, les hébétudes des
sens, les dispositions aux apoplexies même san-
guines chez les personnes d'un certain âge, d'une
habitude molle, d'une complexion replète, chez
les vieillards somnolents, engourdis, voraces,
dont la mémoire s'affaiblit, etc., etc. L'état nerveux que développe le café est opposé à cette
diathèse et à toutes ces conditions.

Il n'y avait de là qu'un pas pour utiliser le café
dans le narcotisme des intoxications par l'opium
et toutes les préparations stupéfiantes : l'analogie

5

n'a pas été trompeuse, et si le café ne neutralise
pas chimiquement les agents que nous venons de
citer, au moins prévient-il et empêche-t-il leur
puissance stupéfiante, et peut-il quelquefois seul
faire cesser tous les accidents d'un empoisonne-
ment. Tout le monde connaît sa propriété de dis-
siper les fumées du vin, de retarder ou de tempé-
rer l'ivresse. Orfila a constaté qu'il était sans
influence contre les terribles effets de l'acide
cyanhydrique, mais employé tous les jours avec
succès contre l'asthme nerveux périodique. Mus-
grave, Robert Brie, en parlent dans ce sens,
ainsi que Pringle, Percival. L'auteur d'un bon
traité sur l'asthme, Floyer, qui lui-même avait
souffert pendant cinquante ans de cette affection,
s'en soulageait heureusement par ce moyen.
Laennec le conseillait aussi, et les vieillards

asthmatiques savent bien y chercher du calme à leurs angoisses. Il faut, dans ces cas, le prendre à fortes doses et très concentré.

Les propriétés anticalculeuses attribuées au café, peuvent être accréditées par cette remarque, que la gravelle est presque inconnue en Orient et aux Antilles, où on fait une si énorme consommation de la fève de l'Yémen. La même observation est applicable à la goutte.

Les contr'indications du café sont faciles à comprendre, d'après ce que nous avons dit de son action physiologique et des cas où son emploi thérapeutique nous a paru légitime. Les femmes vaporeuses, les hypocondriaques devront surtout vivre dans une grande abstinence de cette boisson. Pomme et Tissot se sont fortement élevés contre son usage chez ces sortes de malades. Le

célèbre Juncker, dans son *Conspectus therapiæ generalis*, insiste sur cette recommandation :
Hypochondriacos et fœminas otiosas, dit-il, *in angores quosdam internos, palpitationem cordis vel tremorem artuum conjicit.*

Les doses et modes d'administration du café nous semblent inutiles à indiquer. Chacun peut les fixer. Nous finissons en faisant des vœux pour que la thérapeutique ait plus souvent recours à ce moyen actif et que les médecins l'utilisent surtout chez les malades qui n'y étaient pas habitués pendant leur état de santé ; mais bientôt ces personnes seront rares.

TROUSSEAU.

Propriétés alimentaires du Café

Le café préparé avec 100 grammes pour un litre d'eau contient en moyenne 20 grammes de substances alimentaires dans un litre d'infusion; il représente trois fois plus de substance solide, à volume égal, que le liquide obtenu en faisant infuser 20 grammes de thé dans un litre d'eau bouillante, et plus du double de matière organique azotée. On comprendrait donc que le café à l'eau, dit *café noir*, d'un usage si général en Italie et en Égypte, eût une action nutritive utile,

surtout avec le concours des propriétés éminemment stimulantes de cette agréable boisson.

Si nous essayons d'apprécier la qualité nutritive du café, en y comprenant l'influence du lait
auquel on l'associe généralement pour le repas
du matin, un litre étant supposé formé de parties
égales d'infusion de café et de lait, nous aurons
les résultats suivants. Un litre contient :

	Subst. solide.	Subst. azot.	Mat. grass. salines et sucr.
1/2 litre d'infusion de café	9gr,5	4gr,53	4gr,97
1/2 litre de lait.	70	45	25
Sucre en moyenne.	75		75
En totalité	154gr,5 ou	49gr,53 plus	104gr,97

Ce liquide alimentaire représenterait six fois
plus de substance solide et trois fois plus de
matière azotée que le bouillon.

On doit donc admettre que le café possède des
propriétés nutritives ; mais sa principale valeur

se fonde sur sa saveur, sur son arome agréable et sur les effets excitants qu'il peut développer dans vingt fois son poids de liquide (eau et lait), et transmettre à un égal volume de pain, substance éminemment nourrissante, mais peu sapide.

PAYEN, *Traité des substances alimentaires*.

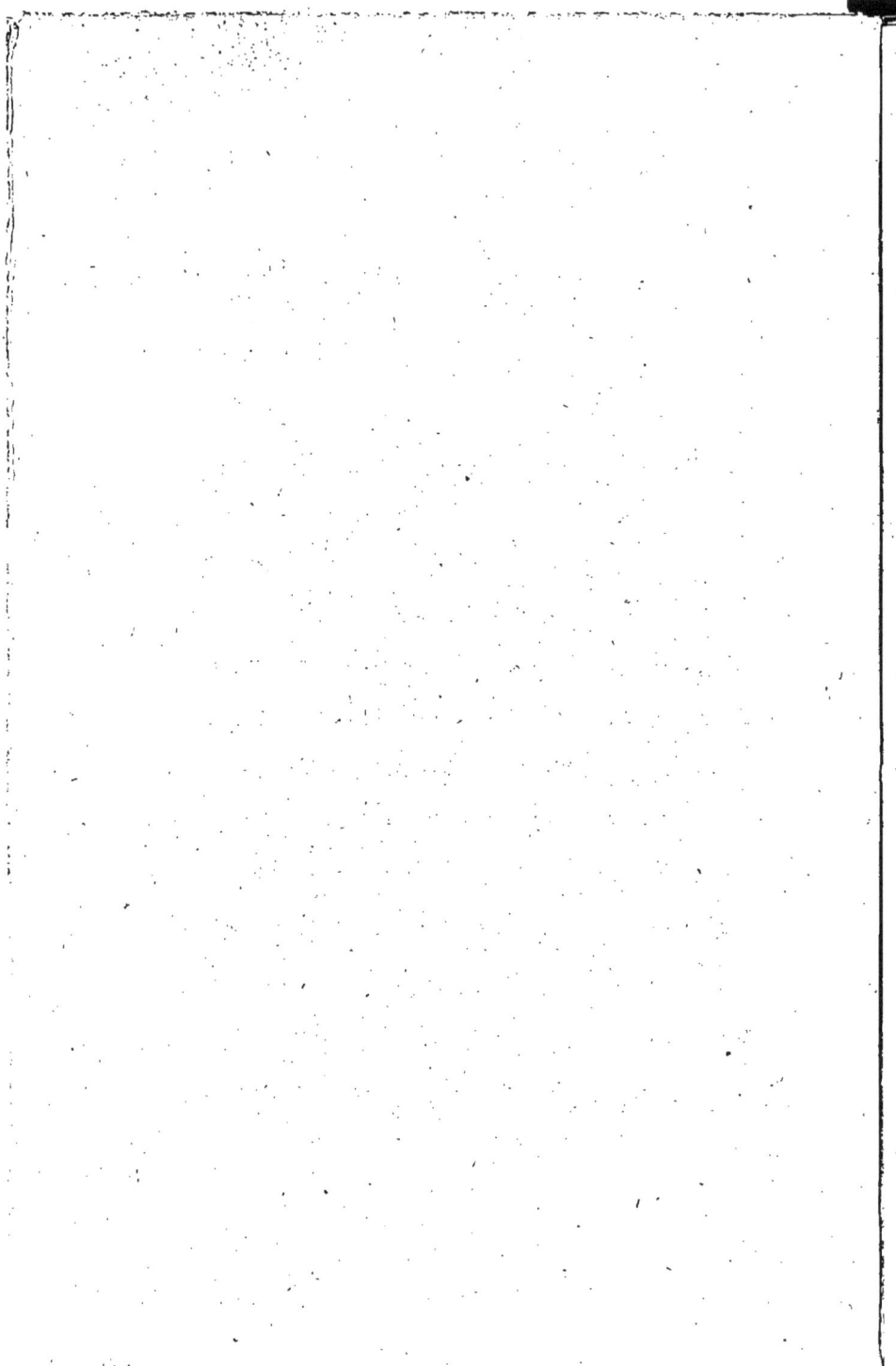

Altération et falsification du Café

Les progrès naissants des sciences naturelles, les créations pour ainsi dire journalières de la chimie n'ont cessé, depuis un demi-siècle, de multiplier nos richesses, et tout les produits nécessaires à nos besoins et à nos plaisirs. Mais, il faut le reconnaître, il semble qu'une loi inexorable nous condamne à voir partout le mal s'accroître dans la même proportion que le bien. La fraude, vieille comme la science, contrefait, falsifie dénature les nouveaux produits à peine créés. De là cette perturbation déplorable qui

rend suspectes les substances échangeables, et qui
nous impose la nécessité de les controler, de les
analyser, de les soumettre aux plus délicates
épreuves. Il ne suffit donc plus aujourd'hui, de
savoir reconnaître lés altérations spontanées,
accidentelles, qui peuvent être l'effet du temps
s'en tenir à d'autres influences involontaires ; il
faut surtout pouvoir dévoiler les adultérations
intentionnelles, démasquer les artifices de la
fraude et saisir partout la main des coupables.
C'est l'intérêt, la santé, la vie elle-même, qu'il
s'agit de défendre et de placer sous la protection
d'un art nouveau.

Voici ce que dit le savant Hureau dans son
histoire des falsifications sur le café, et le tableau qu'il indique pour en reconnaître ses altérations et falsifications.

On a fait des recherches et des expériences
sans nombre pour trouver des succédanés au
café. Toutes les graines, toutes les racines, tous
les fruits, etc., par lesquels on espérait le rem-
placer, ont été à peu prés abandonnés à l'excep-
tion de la *chicorée.* L'*orge*, le *maïs*, l'*avoine*, le
seigle et quelques autres végétaux féculents sont
encore quelquefois employés pour allonger le café.

Le café torréfié et moulu, conjointement avec
une portion quelconque de graines céréales, se
reconnaît au trouble et à l'apparence louche que
conserve l'infusum dans l'eau distillée, et surtout à la teinte bleue que l'eau iodurée fait prendre à cet infusum, préalablement décoloré par
le noir animal et filtré.

La présence de la chicorée dans le café en
poudre devient sensible au moment ou l'on pro-

jette le café suspect à la surface d'un verre d'eau
La chicorée absorbe immédiatement l'eau, se
précipite au fond du verre et colore le liquide en
jaune ; le café pur se mouille difficilement et sur-
nage longtemps. En outre la différence de con-
sistance et de texture entre les deux poudres
est telle, qu'il suffit, pour les distinguer, de les
rouler entre les doigts et de tenter en les humec-
tant légèrement, de les arrondir en une petite
masse pillulaire : l'opération facile et prompte
avec la chicorée, semble impossible avec la poudre de café.

Quant à la ruse grossière qui consiste à mou-
ler de la poudre de chicorée pour lui donner la
forme des grains de café, il suffit pour la déjouer
de faire macérer et de délayer les fausses graines
dans l'eau.

Le café en grains véritables, mais avarié en mer, peut-être vendu dans cet état, ou mêlé à des cafés de bonne qualité.

On reconnaît déjà cette altération à l'odeur et à la saveur désagréable qu'un séjour plus ou moins prolongé dans l'eau de mer communique toujours au café. En outre le café avarié contient du sel marin en assez grande quantité, et souvent des traces très-notables de cuivre. Ces deux sels changent nécessairement la nature et la composition de l'incinération du café. Le nitrate d'argent révélera, par un précipité blanc et caillebotté, la présence du sel marin; le cuivre sera reconnu à la couleur bleue que fera naître l'ammoniaque, et au précipité brun-maron donné par le cyanure jaune.

Réactifs.	Corps altérants.	Réactions.
Eau distillée.	Graines de céréales.	Trouble, aspect louche
Eau iodée après la décoloration par le noir animal.	Id.	Teinte bleue.
Action de l'eau.	Chicorée.	Absorption rapide de l'eau ; précipitation au fond du vase; cloration jaune du liquide. (Le café pur se mouille difficilement et surnage longtemps.)
Trituration entre les doigts, transformation en masse pilulaire.	Chicorée.	Opération prompte et facile avec la chicorée, impossible avec le café pur.
Macération dans l'eau.	Graines de café artificielles faites avec la poudre de chicorée.	Déformation des graines, trouble du liquide.
Incinération ; action sur les cendres reprises par l'eau, du nitrate d'argent.	Chlorure de sodium.	Précipité blanc caillebotté.
De l'ammoniaque.	Cuivre.	Cloration bleue.
Du cyanure jaune.	Id.	Précipité brun-marron.

Du Café Robin d'Angoulème

Le résultat de nos études sur les cafés nous a permis d'ériger en système entièrement nouveau, les procédés de préparations du café. Soumis aux jurys internationaux de Londres en 1862 nos produits nous ont mérité une récompense. A la sociétés des sciences industrielles, Arts-et-Belles-Lettres de Paris, siégeant à l'Hôtel de ville, le rapporteur, M. le docteur B. Lunel, décrivait ainsi nos procédés de fabrication.

« Loin de n'employer que les cafés moka bour-

bons et martinique, qu'on regarde à tort comme
les meilleures sortes, M. Robin choisit dix espéces
des meilleures qualités de café, qu'il concasse et
torréfie chacune à un degré particulier. Ce *mo-*
dus faciendi a une extrême importance, attendu
que selon la provenance, le terrain, l'époque de
la récolte, telle ou telle espèce de café demande
une nuance ou un degré spécial de torréfaction ;
du reste M. Robin a prouvé, par des études théo-
riques et pratiques des cafés, que toute les espèces
ont un arome distinct, que la torréfaction bien
conduite développe de manière à procurer un
ensemble de goût et de propriétés alimentaires
qui est le *nec plus ultra* auquel on soit parvenu.
Il suffit, pour prouver ce que nous avançons, de
dire qu'à certaines quantités égales de café Robin, ou de café ordinaire, on obtient avec le pre-

mier, une infusion tellement chargé de principes aromatiques qu'on la prendrait pour de l'essence de café. Il y a donc économie réelle en même temps que perfection du produit. Le concassage du café avant sa torréfaction a pour but, dans le système de M. Robin, d'éviter le séjour trop long de la graine sur le feu. Sur un feu vif et très-régulier de coke épuré, 50 kilog. de café sont torréfiés en 8 à 9 minutes au plus. Par ce procédé nouveau, l'eau intersticielle de la graine se vaporise rapidement, le chloriginate double se tuméfie, se colore en roux, se gonfle, désagrège les tissus, laisse en liberté une partie de la caféine qu'il tenait en combinaison, et la cellulose éprouve une caramélisation qui donne des produits pyrogènes. Ce procédé est bien supérieur, selon nous, à la méthode anglaise, qui enrobe le café d'une couche de sucre ou de caramel, et le rend tellement hygrométrique, malgré le soin que l'on a de le renfermer dans des boites en fer blanc, que la fermentation s'en empare dans les temps chauds et donne lieu à la production de végétations cryptogamiques, qui peuvent devenir fort dangereuses, introduite dans nos organes digestifs.

« M. Robin fils a pu constater, messieurs, qu'après quinze années de conservation, son café était très-fort et possédait encore presque tout son arome.

« Pour donner à l'infusion du café la coloration foncée qu'exige le public par un ridicule préjugé, M. Robin a été forcé d'ajouter 1/20e de chicorée, préparée dans des conditions toutes spéciales pour arriver à la teinte voulue.

« Les cafés de M. L. Robin, que nous avons soumis à l'analyse, nous ont démontré qu'ils ne contiennent aucun mélange de la plupart de ces cafés dits *français*, que notre Société refuse, à juste titre d'examiner désormais.

« Dans l'eau distillée, l'infusion du café Robin n'a nullement été troublée, preuve qu'il n'y entre de graines céréales en aucune proportion; l'eau iodée n'a pu faire prendre à cette infusion, préalablement décolorée par le noir animal et filtrée, la moindre *teinte bleue*. L'action de l'eau simple nous a démontré la faible addition d'un 20e de chicorée. En déposant un peu de ce café à la surface d'un verre d'eau, la chicorée s'est précipitée au fond du verre, en colorant faiblement le liquide en jaune.

Pour nous assurer que dans le café Robin il

n'entre pas de produits avariés contenant du sel
marin et parfois du cuivre, nous avons employé
l'azotate d'argent et le sel marin sur le résidu de
l'incinération. Le sel d'argent n'a pas donné de
précipité blanc et caillebotté, ce qui eût eu lieu
dans le cas de présence du sel marin, et l'ammoniaque n'a pas fait naître de coloration bleue,
preuve qu'aucune trace de cuivre n'existe dans
ces cafés que nous déclarons purs.

Le succès du café de M. Robin fils est aujour-
d'hui un fait acquis; le commerce a constaté qu'il
possède seul la force, la délicatesse de goût, l'é-
conomie, enfin la supériorité sur les produits de
même nom; et c'est ce qu'a souverainement reconnu le jury international de Londres, en 1862,
en décernant à ce manufacturier la première
médaille d'honneur.

En songeant, messieurs, à l'importance commerciale du café, et au servive rendu par M. L. Robin, nous avons l'honneur de vous demander pour le produit qu'il nous soumet, une récompense digne de son mérite.

. La société décerné la MÉDAILLE D'ARGENT au café Robin, la seule récompense accordée jusqu'à ce jour aux cafés soumis à son examen.

Le rapporteur

Dr. B. LUNÉL.

Les commissaires

Le Dr. MARQUIS DU PLANTY,
Chevalier de la Légion d'honneur.

LARIVIÈRE, juge au Conseil des Prud hommes.

Ce rapport est l'expression de la vérité; disons

maintenant les raisons par lesquelles nous avons été amené à ajouter une partie de chicorée sur dix-neuf de notre café Robin.

Employé au commencement de ce siècle, en raison du prix élevé du café, la chicorée, dit le professeur Payen, à laquelle les consommateurs se sont peu à peu habitués, rendit beaucoup de personnes trop exigeantes quant à l'intensité de la couleur de l'infusion, et amena la pratique vicieuse de pousser la torréfaction du café lui même, et de faire bouillir le mélange avec l'eau, au point de lui faire perdre en grande partie son arome. Ces détériorations furent accrues, dans le *café* dit de *chicorée*, par l'addition de vingt-cinq à cinquante centièmes de chicorée. On conçoit que sous ces influences réunies, la saveur et l'arome aient été si profondément altérés, qu'entre ce breuvage grossier et celui que donne la chicorée seule, la différence n'était pas très-grande, et qu'on ait été disposé à pousser plus loin l'économie, en substituant le produit indigène au produit exotique. Et cependant quelle différence n'existe-t-il pas entre une infusion âcre, nauséabonde, lorsqu'on la prend sans addition de lait, et un breuvage dont les qualités stimulantes, la saveur et le parfum exquis constituent la principale qualité, et qui tient un rang élevé parmi ceux qui remplissent les conditions d'une nourriture saine et agréable.

La chicorée doit donc être bannie du café, ou du moins, pour donner satisfaction aux personnes qui désirent une coloration foncée dans *l'infusum* ou le *decoctum* du café, il en doit contenir une fraction si minime (20° environ) que son arome, sa saveur, sa valeur nutritive même, n'en soient pas sensiblement altérés.

Encore, pour l'honorabilité du commerce français, cette adition de chicorée, quelque minime qu'elle soit, doit-elle amener pour le consommateur, une différence équivalente dans le prix de revient des cafés.

L. ROBIN fils.

FIN

TABLE ANALYTIQUE DES MATIÈRES

6

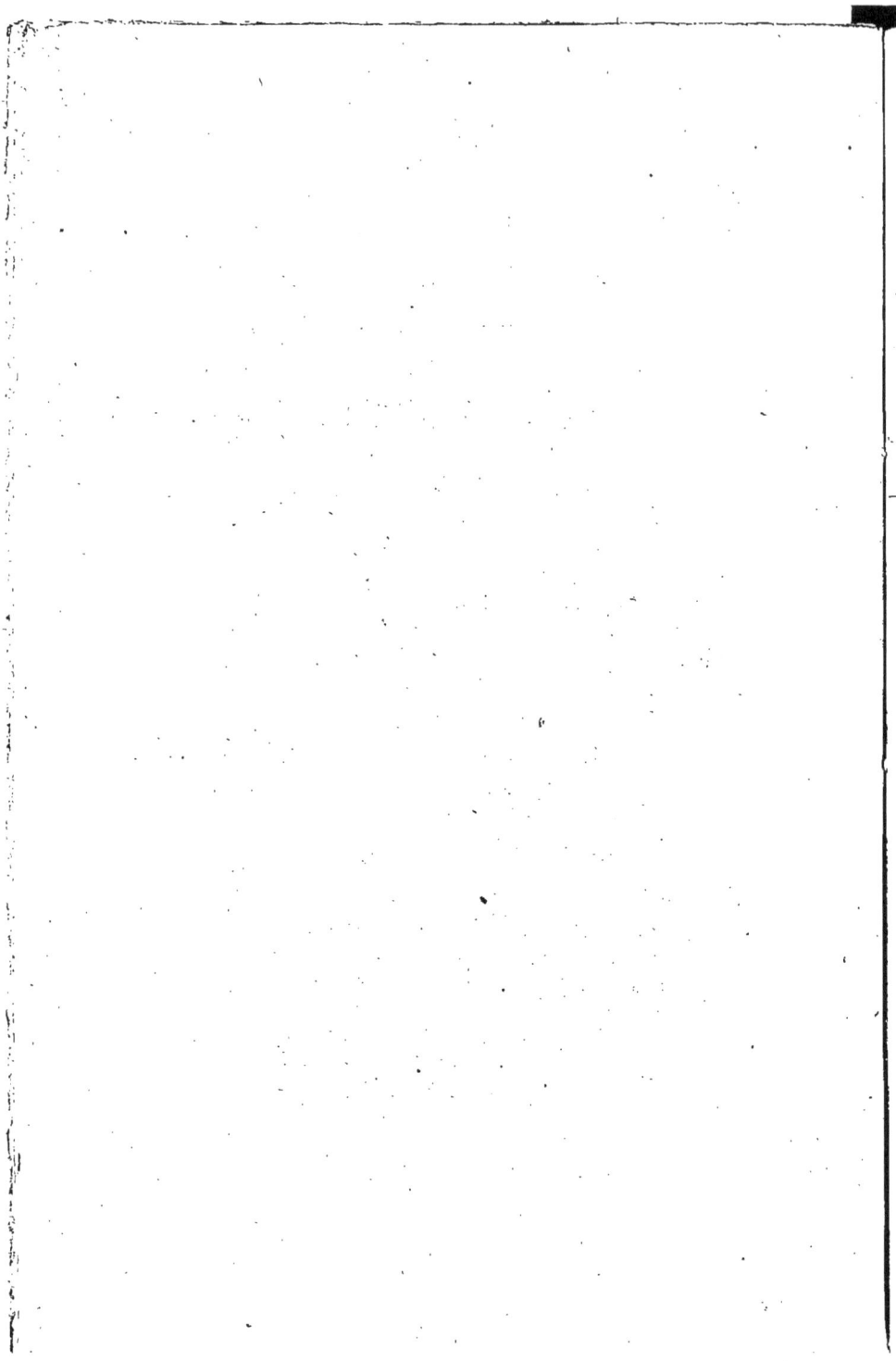

TABLE ANALYTIQUE

DES MATIÈRES

CHAPITRE 1er

—

CHAPITRE II

—

CHAPITRE III

—

CHAPITRE IV

—

CHAPITRE V

—

CHAPITRE VIII

—

CHAPITRE IX

—

CHAPITRE X

—

CHAPITRE XI

—

Abbeville. — Imprimerie de P. Briez.

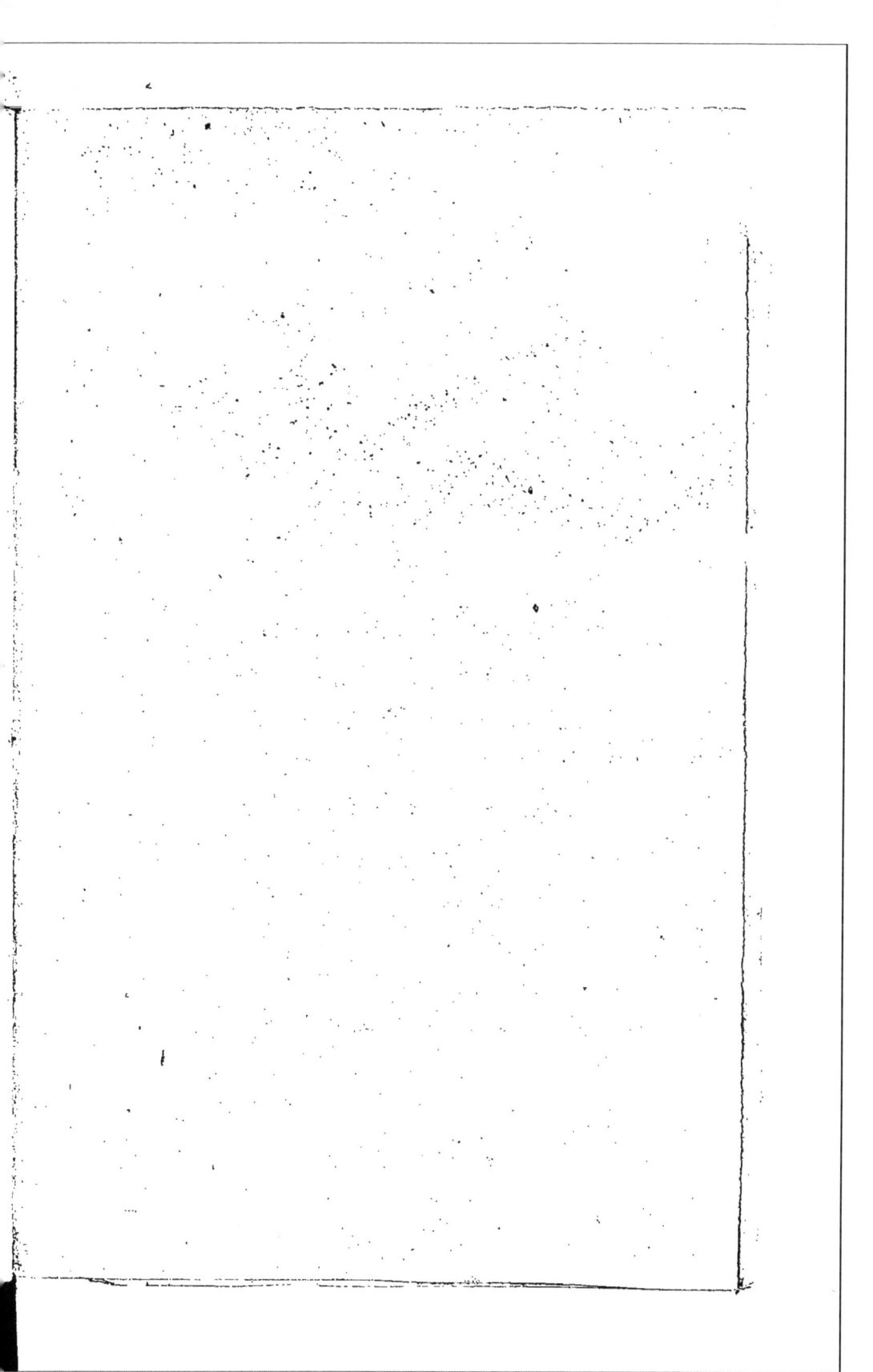

Abbeville. — Imprimerie P. Briez.

www.ingramcontent.com/pod-product-compliance
Lightning Source LLC
Chambersburg PA
CBHW071501200326
41519CB00019B/5833